Lapan Adik-Beradik

Association du Vrai Cœur

Lapan Adik-Beradik

Bilingual Malay-English edition

ISBN : **978-0-244-06278-1**

© Association du Vrai Cœur

4

Lapan adik-beradik tinggal sebumbung

Satu bersifat tersurat, satu tersirat

lima adik-beradik berniaga di halaman rumah
Abang Bongsu mengawasi segalanya

Siapakah mereka?

"Lapan adik-beradik tinggal sebumbung"
Kesemua mereka bergabung menjadi seorang
insan.

Agak pelik, kan?

"Tinggal sebumbung" bermaksud mereka
tinggal di satu rumah yang sama.

Bolehkan anda meneka apakah "rumah" itu?

Betul. Ia adalah badan anda!

Lapan "adik-beradik" merujuk kepada bahagian yang berlainan daripada apa yang dipanggil "Minda Teragung"

Minda anda adalah jauh lebih hebat dan rumit daripada apa yang anda sangka.

Ini sebabnya kita namakannya "Minda Teragung".

Setiap orang bergantung kepada lapan jenis minda untuk menjalani hidup yang biasa.

Setiap orang bergantung kepada lapan jenis kesedaran untuk menjalani kehidupan normal. Oleh itu, Minda Teragung boleh dibahagi kepada lapan bahagian, lapan adik-beradik.

Lapan jenis kesedaran bekerjasama sepanjang masa, seperti pasukan tarian yang berpengalaman, bekerja mengikut skop kerja dan peranan masing-masing.

Marilah kita meneroka dan mengenali siapakah mereka!

Adik-beradik sulung hingga kelima

"berniaga di halaman rumah" bermaksud

Kesedaran penglihatan,

Kesedaran pendengaran,

Kesedaran penciuman,

Kesedaran pengecapan

dan Kesedaran perabaan

Ini adalah lima sensasi indera kita.

Penglihatan, pendengaran, penciuman, pengecapan dan perabaan.

Ketika kita bangun, indera-indera ini berinteraksi dengan dunia eksternal, sesibuk lebah, dan sentiasa memberi informasi berkenaan dunia persekitaran kepada kita.

Yang memahami dan menganalisis segala informasi yang dibekalkan oleh kelima-lima adik-beradik tersebut adalah adik Keenam, Kesedaran Pikiran.

Dia selalu mengamati secara saksama, menilai dan mempertimbangkan setiap perkara yang dilakukan oleh kelima-lima abang dia, seumpama seorang pengurus yang peka.

Dialah apa yang kita anggap sebagai minda kita.

Setiap hari, Kesedaran Pikiran memberitahu kita bahawa, dia adalah benar dan punca diri kita.

Namun, sekiranya dia adalah punca diri kita yang betul-betul menguasa dan mangawal diri kita, kenapa dia membenarkan diri kita mengalami penderitaan daripada kelahiran semula, keuzuran, penuan dan kematian secara berulang kali tanpa berhenti sepanjang kita menjalani satu demi satu kehidupan kita?

Bukankah dia dapat berhentikan segala ini dan membebaskan diri daripada kesemua kesusahan dan penderitaan tersebut. Akan tetapi, dia tidak dapat membuat demikian.

Kesedaran Pikiran selalu berubah-ubah; kegemaran dan ketidakgemaran dia boleh berubah dalam masa yang singkat.

Dia senang merasa bosan dan ingin kekal terhibur. Kesedaran Pikiran berhenti dalam tidur yang tanpa mimpi. Justeru itu, jelas sekali dia bukan sesuatu yang kekal abadi dan tidak terhancur.

Sesetengah orang berpendapat bahawa Kesedaran Pikiran akan mengekal ke kehidupan yang kelak. Mereka silap menganggap bahawa dia adalah kepribadian sebenar dan mereka mempercayai kepribadian yang berkemampuan mengenal diri ini akan kekal selamanya. Namun dia tidak!

Dua adik-beradik yang terakhir beroperasi di belakang takbir tanpa kita sedari.

Antaranya, Adik Ketujuh, yang dinamakan sebagai "Manas" atau "Kesedaran Ketujuh". Dia sangat cergas dan responsif.

Seakan-akan seorang Ketua Pelayan Besar yang cekap, dia menguruskan segala urusan rumah tangga dan membuat keputusan apabila perlu, sementara itu dia kekal tidak terkelihatan.

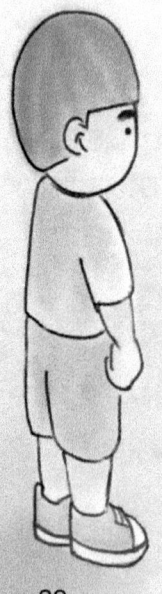

Seorang lagi adik yang tidak kerterlihatan adalah "Adik Kelapan" yang merupakan Intipati-Buddha. Panggilan rasmi dia adalah "Tathāgatagarbha".

(Cuba anda sebut nama ini!)

Kadang-kala, dia dipanggil sebagai "Kesedaran Kelapan" atau "Kesedaran Asas".

Adik Kelapan bersifat tersirat dan seolah-olahnya dia tidak responsif. Tetapi dia sangat penting.

Kita akan berbicara tentang dia sebentar lagi.

Setiap hari, Manas (Adik Ketujuh) bertanggungjawab untuk menentukan masa untuk menutup kedai dan menyuruh adik-beradik sulung hingga kelima untuk "berhenti berniaga" agar kita boleh berehat dan tidur.

Walau bagaimanapun, Adik Ketujuh dan Kelapan tidak berehat selepas kita tertidur.

Malah, mereka berdua tidak pernah berehat mahupun SEKETIKA!

Memandangkan dia terjaga sepanjang masa, Manas adalah adik-beradik yang membuat keputusan muktamad bagi setiap perkara yang kita buat.

Contohnya, semasa seseorang itu tertidur.

Sekiranya Manas mengesan sebarang perubahan yang ketara di persekitarannya, dia akan membangunkan Adik Keenam (Kesedaran Pikiran) dengan serta-merta bagi mengenalpasti apa yang telah berlaku.

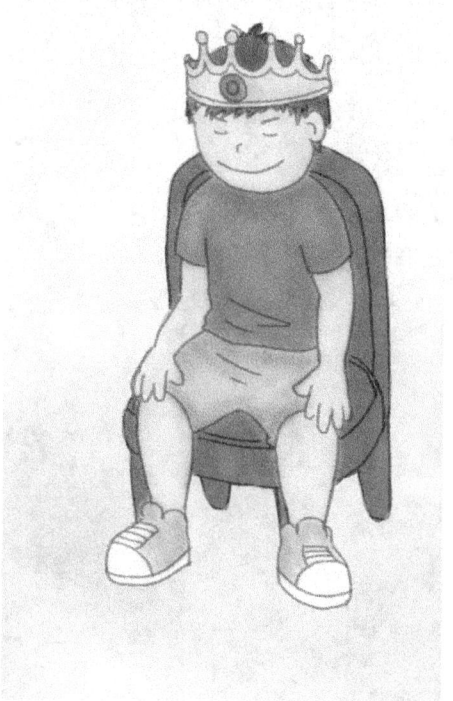

Seperti Adik Keenam, dia juga mempercayai bahawa dia adalah kepribadian sebenar kita.

Namun begitu, di kalangan lapan adik-beradik ini, hanya Adik Kelapan, yang digelar sebagai Intipati-Buddha atau **Tathāgatagarbha**, dapat berhidup selamanya dan tidak terpengaruh oleh penuaan, kematian atau sebarang penderitaan yang lain.

Seumpama nafas kita, Intipati-Buddha ini tidak mempunyai bentuk dan tidak kertelihatan, tetapi ia merupakan punca asas kewujudan kita.

Meskipun Manas bukan kepribadiaan sebenar seseorang individu, dia melakukan sesuatu tugas yang sangat penting. Semasa tubuh badan seseorang individu tidak lagi berfungsi dan tidak digunapakai, Manas akan membuat keputusan untuk berpindah ke tubuh badan yang lain.

Memandangkan Manas mempercayai bahawa Intipati-Buddha merupakan salah satu bahagian diri-sendiri dia, dia mengheret Intipati-Buddha bersama dengan dia melalui banyak kehidupan, dari satu jasad ke jasad yang lain.

Semasa Manas mengheret Intipati-Buddha bersama dengan dia melalui kitaran kelahiran semula yang tanpa kesudahan, kelima-lima adik beradik pertama - lima sensasi indera kita- tidak dapat mengikuti mereka.

Seperti apa yang kita ketahui, seseorang yang mati tidak lagi mempunyai perasaan dan persepsi, ini adalah bermaksud Kesedaran Pikiran kita (Adik Keenam) akan tertamat dan berkesudahan semasa kematian kehidupan kita, dan Kesedaran Pikiran yang lama ini tidak akan dibawa ke kehidupan yang kelak.

Semasa kita hidup, Intipati-Buddha merekodkan setiap perkara yang kita lakukan di dalam setiap kehidupan kita, seumpama kotak hitam sesebuah pesawat menyimpan semua maklumat transmisinya.

Dengan mengaplikasikan hukum sebab dan akibat - atau dikenali sebagai karma – ke atas perlakuan kita, Intipati- Buddha membolehkan penciptaan satu jasad baru bagi seekor haiwan, manusia, malaikat atau apa-apa bentuk jasad yang kita berkelayakan berdasarkan apa yang telah dilakukan di dalam kehidupan-kehidupan kita yang sebelum ini.

Jelas sekali bahawa "rekod" yang mengandungi dalam Intipati-Buddha setiap insan adalah unik kerana tiada dua orang insan yang melakukan semua perkara yang sebulat-bulat atau mengharungi semua pengalaman yang sama dalam kehidupan mereka.

Meskipun pasangan kembar yang mempunyai persamaan yang banyak, mereka juga tidak akan memiliki kepribadiaan, hobi, kemampuan, dan penampilan yang sama.

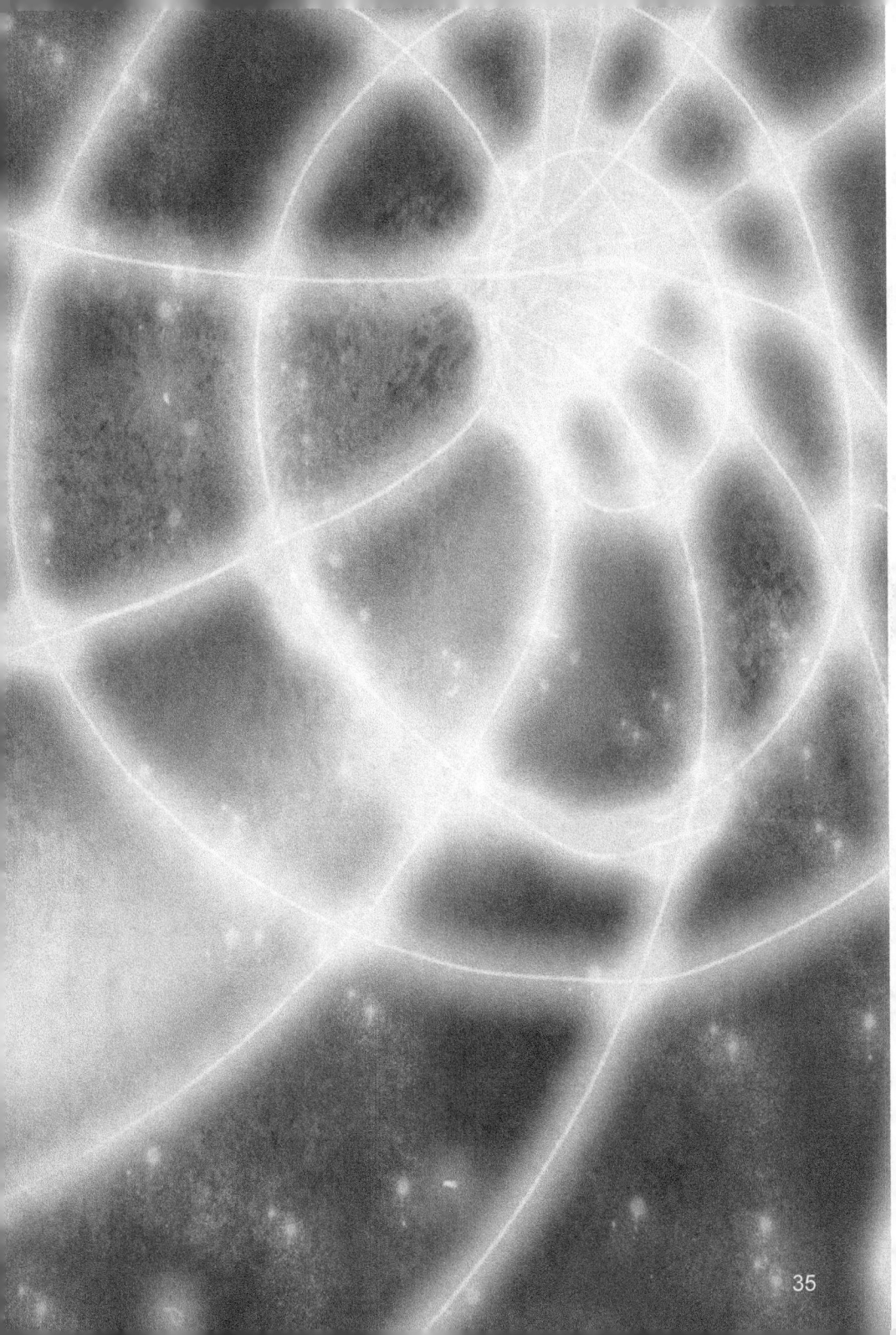

Ini juga sebab kenapa terdapat sesetengah insan yang menonjolkan keistimewaan atau keberbakatan mereka sejak muda.

Penyair Cina yang terkenal, Li Bai, berkemahiran dalam mencipta puisi yang cemerlang seawal-awal pada umur sepuluh tahun.

Komposer cemerlang Eropah Beethoven mengadakan konsert di Köln, Jerman pada umur lapan tahun.

Mereka menonjolkan bakat-bakat tersebut kerana benih keberbakatan telah disimpankan dalam Intipati-Buddha mereka masing-masing berdasarkan perlakuan yang dibuat oleh mereka masing-masing dalam kehidupan-kehidupan yang sebelum ini.

Ini adalah contoh-contoh perkara yang baik datang daripada kehidupan lampau.

Setiap makhluk hidup yang berkesedaran – manusia, haiwan, burung, serangga dan sebagainya-dicipta oleh Intipati-Buddha mereka masing-masing.

Mahupun semua benda di dalam dunia fizikal ini – galaksi, planet, gunung, sungai – adalah dicipta sesama oleh semua Intipati-Buddha makhluk hidup yang berkesedaran dan berhubung-kait secara karma antara satu sama lain.

Sesungguhnya, Intipati-Buddha yang tidak kerterlihatan ini umpama seorang ahli sihir yang paling menakjubkan.

Dia adalah diri dan kepribadian kita yang sebenar.

Intipati-Buddha sendiri tidak akan terpengaruhi dan diubah oleh simpanan rekod karma dia, dari kehidupan lampau ke kehidupan kelak.

Bagaikan sebiji cawan dapat memegang pelbagai jenis minuman, cawan itu tidak berubah walaupun jenis kandungannya berubah.

Buddha merupakan seseorang yang Maha Mengetahui segala ilmu pengetahuan yang dikandungi dalam Intipati-Buddha beliau. Beliau juga merupakan insan yang telah menyempurnakan segala merit dan sifat murni, serta memperolehi keupayaan untuk menggunakan segala ciri-ciri dan unsur-unsur yang ditawarkan oleh Intipati-Buddha.

Tetapi, Intipati-Buddha tidak mempunyai bentuk,

Bagaimanakah kita mencarinya?

Bagaikan mata kita yang tidak dapat melihat mikroorganisma kerana saiznya yang sangat kecil; atau mata kita yang tidak dapat melihat galaksi yang jauh kerana saiznya yang terlampau besar.

Kita perlukan peralatan seperti mikroskop dan teleskop untuk mengesannya.

Begitu juga dengan kelihatan dan pencarian Intipati-Buddha, kita perlukan peralatan yang khas, iaitu "mata batin"

Bagaimanakah kita dapat membuka dan mengunakan Mata batin kita?

Dalam setiap hari kehidupan kita, kita sepatutnya membuat kebaikan dan saling hormat-menghormati, bertolak-ansur serta membelas kasihan terhadap orang lain, menghormati Tiga Permata (Tiratana) dan menerima pengajaran Buddha dengan iman.

Jika anda dapat melakukan kesemuanya dengan konsisten, Mata batin anda akan tersedar tidak lama lagi.

Dengan mempraktikan Dharma Buddha dengan tekun dan gigih.

Mata batin anda akan dibuka semasa semua syarat tercapai.

Anda akan dapat "melihat" Intipati-Buddha anda,

"ahli sihir" yang tidak kertelihatan sebelum ini.

Mungkin anda akan tertanya-tanya:

Kenapa kita perlu menampak "ahli sihir yang tidak keterlihatan" ini?

Bukan sudah cukup bagus jika anda menjadi insan yang baik?

Menjadi insan yang baik sememangnya perkara yang betul dan perlu dilakukan.

Namun, mahupun seorang insan yang baik, beliau masih mempunyai pelbagai rekod-rekod disimpan dalam Intipati-Buddha beliau daripada kehidupan-kehidupan lampau sebelum ini. Rekod-rekod perlakuan dalam Intipati-Buddha ini akan memyebabkan kelahiran semula, kehidupan dan kematian yang tanpa kesudahan. Karma anda adalah rekod-rekod itu.

Membayangkan anda tersangkut dalam roda Ferris yang tidak terkawal dan tidak terhenti-henti, Ia membawa anda melalui pelbagai persekitaran.

Lebih mudah untuk anda menjadi seorang yang baik dalam satu kehidupan. Tetapi mungkinkah anda kekal mengamalkan tingkah-laku yang baik sepanjang berjuta-juta kehidupan yang mempunyai situasi-situasi yang berlainan?

Sesungguhnya bergaul dengan teman yang buruk mahupun tersilap melakukan sesuatu kesalahan, cukup untuk membawa kesan yang menderita pada kita bagi masa yang sangat panjang.

Dalam keadaan ini, masihkah dikira mudah untuk menjadi insan yang baik?

Apakah yang menyebabkan kelahiran semula roda Ferris ini tidak terkawal dan tidak terhenti-henti adalah kepercayaan serta pemahaman yang disalah ertikan oleh Kesedaran Pikiran dan Manas bahawa mereka adalah kepribadian anda yang sebenar dan abadi.

Mereka menganggap bahawa menjadi seorang insan yang baik cukup untuk berthentikan kuasa karma yang menyebabkan roda Ferris kehidupan semula untuk berputar.

Sebaliknya, kita perlu mencari Intipati-Buddha, kerana ianya adalah satu-satunya entiti minda yang abadi dan tidak berubah sepanjang masa.

Dengan mempelajari Dharma Buddha yang betul, kita dapat mengubah kuasa karma yang disimpan dalam Intipati-Buddha dengan membetulkan dan membersihkan Manas daripada kesan perbuatan jahat yang telah kita lakukan selama ini.

Sebaik sahaja kita mula mengubah kuasa karma yang baik mahupun buruk dengan berdasarkan praktik yang murni dan pemikiran yang cerah,

roda Ferris tersebut akan mula berfungsi dengan betul dan mula menjadi terkawal di bawah kawalan kita.

Semasa ia terkawal, barulah kita boleh mengerak ke arah menjadi seorang Buddha.

44

45

Setiap orang berpotensi menjadi seorang Buddha.

Secara tepatnya,

Setiap makhluk hidup yang berkesedaran boleh menjadi Buddha.

Oleh itu, kita adalah sama dan setara dari segi prospek dan berpeluang untuk menjadi Buddha.

Semasa kita menjadi seorang Buddha,

-seperti Buddha Shakyamuni, Buddha Amitabha atau Buddha-Buddha yang lain-,

Kita akan memperolehi segala pengetahuan dan menjadi Yang Maha Mengetahui.

.

Sebagai seorang Buddha, kita akan memperolehi kebolehan untuk memilih kelahiran semula di mana-mana tempat sahaja, dan boleh memilih menjadi apa jua jenis makhluk hidup yang berkesedaran supaya kita boleh mengajar orang di mana-mana tempat, tentang ilmu pengetahuan pembebasan daripada kitaran kelahiran semula yang tidak terkawal

Buddha adalah Yang Maha Mengetahui, Beliau mengetahui segala perkara, berkenaan alam semesta dan planet yang kita huni, serta segala perbuatan yang kita lakukan sepanjang kehidupan yang kita alami tidak terkira Sebagaimana yang kita tahu, setiap perbuatan yang kita lakukan akan direkod di dalam Intipati-Buddha dan Buddha mempunyai keupayaan mengakses rekod maklumat yang disimpan dalam Intipati-Buddha, seumpama anda dapat mengakses dan mencari maklumat dalam komputer anda.

Untuk menjadi seorang Buddha, anda haruslah menyempurnakan merit dan pengetahuan, di samping membantu ramai makhluk hidup yang lain dalam perjalanan mereka ke arah pencapaian tahap Buddha.

Jika anda mengamal Dharma Buddha dan mempelajari serta merealisasi ilmu pengetahuan mengenai Lapan Kesedaran dalam setiap kehidupan anda, anda akan mengurangkan tabiat negatif anda secara berperingkat. Tabiat negatif seperti ketamakan, keegoan, kesombongan dan kebencian akan digantikan dengan benih tabiat murni dan baik.

Selagi anda terus mengamalkan Dharma Buddha dan mengikuti perjalanan mulia Bodhisattva, akhirnya anda akan menjadi seorang Buddha.

Semasa anda menjadi seorang Buddha, anda akan dapat membantu dan memanfaatkan orang yang tidak terbilang jumlahnya dan membantu mereka bebas daripada penderitaan yang disebabkan oleh kelahiran semula, penuaan, keuzuran dan kematian.

Di samping itu, anda akan mengajar mereka ilmu pengetahuan yang tidak terhingga yang dapat membawa mereka menuju ke kebebasan dan kebahagiaan yang muktamad.

Adakah anda ingin mencapai kebebasan dan kebahagiaan yang sebegini pada masa kelak?

Sekiranya anda teringin menjadi seorang Buddha, Anda haruslah berikrar untuk melakukan perkara berikut setiap hari:

Semoga saya memperolehi merit dan ilmu pengetahuan Maha Mengetahui Buddha yang tak tertanding,

Agar saya dapat membantu membebaskan semua makhluk hidup yang berkesedaran daripada kitaran kelahiran semula yang tidak terhenti,

Untuk mencapai tujuan ini, saya berikrar dengan seikhlas hati saya untuk mengamalkan Dharma Buddha dan mempelajari semua yang berkaitan dengan Intipati-Buddha.

The Eight Brothers

Eight brothers live under one roof
one is sharp, one is dim

five brothers do business out front
and the last one
keeps tabs on everything

Who are they?

"Eight brothers under one roof"
all add up to one person.
Sounds strange, right?

"Under one roof" means
they all live in one house.
Can you guess what the "house" is?

That's right, it's your body!

The "brothers" (we could also say sisters!)
stand for the different parts of what we call
our "Great Mind."
Your mind is much more than you realize
and that's why we call it
the Great Mind.

Every one of us relies on eight forms of
consciousness to live a normal life. So
the Great Mind can be divided into eight
parts, the eight brothers. The eight forms
of consciousness work in unison all the
time, like an experienced dance team,
who work within their own scope of duties.

Brothers One to Five "doing business out front" are the eye-consciousness, the ear-consciousness, the nose-consciousness, the tongue-consciousness, and the body-consciousness. These are our senses – sight, hearing, smell, taste, and touch – and they interact with the outside world like busy bees, constantly giving us information about the world around us when we're awake.

The one who understands and analyses all the information supplied by these five brothers is Brother Six, the mental consciousness. He keeps a close watch, weighing and considering everything the first five brothers do, like a sharp manager (or a helicopter mom!). He's what we think of as our mind.

Day to day, the mental consciousness tells us
he is our real, ultimate Self. But if he were really
in control, why would he let himself experience
the suffering of birth, sickness, aging, and death
again and again as we go through lifetimes
one after the other? Shouldn't he be able to put
a stop to all this and free himself from all the
difficulty and discomfort? But he can't.

The mental consciousness is fickle; his likes and dislikes can flip in an instant. He gets bored easily and likes to stay entertained. The mental consciousness ceases in a dreamless sleep, so obviously it is not something eternal and imperishable.

Some people teach that the mental consciousness will go on to future lives. They mistake it for the real Self and they want to believe that this "self-knowing self" will last forever but it doesn't.

The final two of the eight brothers
manage things behind the scenes and
we are totally unaware of them.

One of them, Brother Seven, is called "manas" or the "seventh consciousness." He is very quick and responsive. Like a top-notch butler, he takes care of everything in the house and makes decisions whenever necessary while staying invisible.

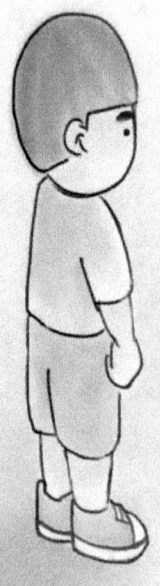

The other unseen brother, Brother Eight, is called the Buddha-Essence. His formal name is "tathāgatagarbha." (See if you can say that out loud!) Sometimes he's also called the "eighth consciousness" or the "foundational consciousness." Brother Eight seems dim and unresponsive but is extremely important. We'll talk more about him later.

Day to day, it is actually manas–Brother Seven–who decides when to close up shop and tells Brothers One to Six to close all the doors and stop receiving guests so we can fall asleep. However, neither Brother Seven nor Brother Eight rests after we fall asleep. In fact, they never take even a moment's break—EVER.

Since he is awake all the time, manas is the one who makes the final decision about everything we do. For example, when a person is sound asleep, if manas senses any noticeable change in the environment, he wakes up Brother Six—the mental consciousness—right away to find out what is going on.

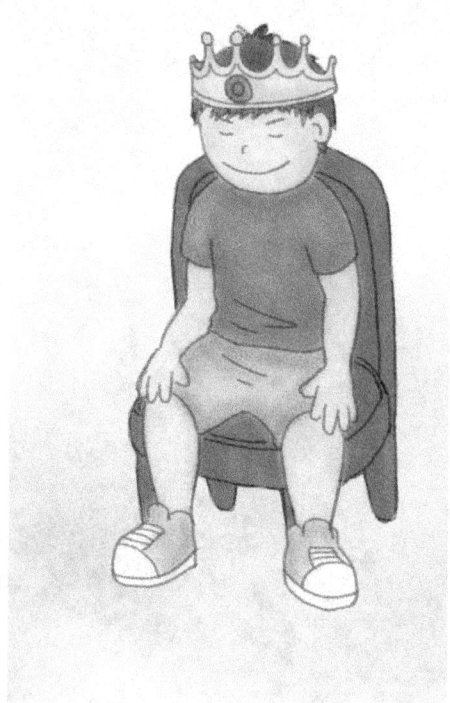

He also believes that he himself is
the real "Self."

However, among the eight brothers, only Brother Eight, the Buddha-Essence (the tathāgatagarbha), lives forever and is unaffected by old age, death, or any kind of suffering. Like the air we breathe, the Buddha-Essence is formless and invisible yet it is the central core of our existence.

While manas isn't the real Self of a being, he does one very important thing. When a person's body is no longer usable, manas will decide to move to another one. Since manas believes the Buddha-Essence is part of himself, he drags it with him through many lifetimes in different bodies.

When the manas drags the Buddha-
Essence along with it through endless
rounds of rebirth, the first five brothers—
the consciousnesses of the senses—
are unable to follow them. As we all
know, a dead person has no feelings and
perceptions, which means that our mental
consciousness, the sixth brother, also
ceases at death and does not go on to
the next life.

While we are alive, the Buddha-Essence keeps records of everything we do in each life, in the way a black box in an aircraft stores all the transmitted data. Applying the law of cause and effect – also called karma – to our conduct, the Buddha-Essence enables the creation of a new body of an animal, a human, a celestial being, or whatever form we deserve based on what we have done in our previous lives.

Obviously, the "records" that the Buddha-Essence of each person contains are unique to that person, since no two beings have ever done exactly the same things or had the same experiences. Think of how even identical twins are not totally alike in their personalities, hobbies, capabilities and appearances.

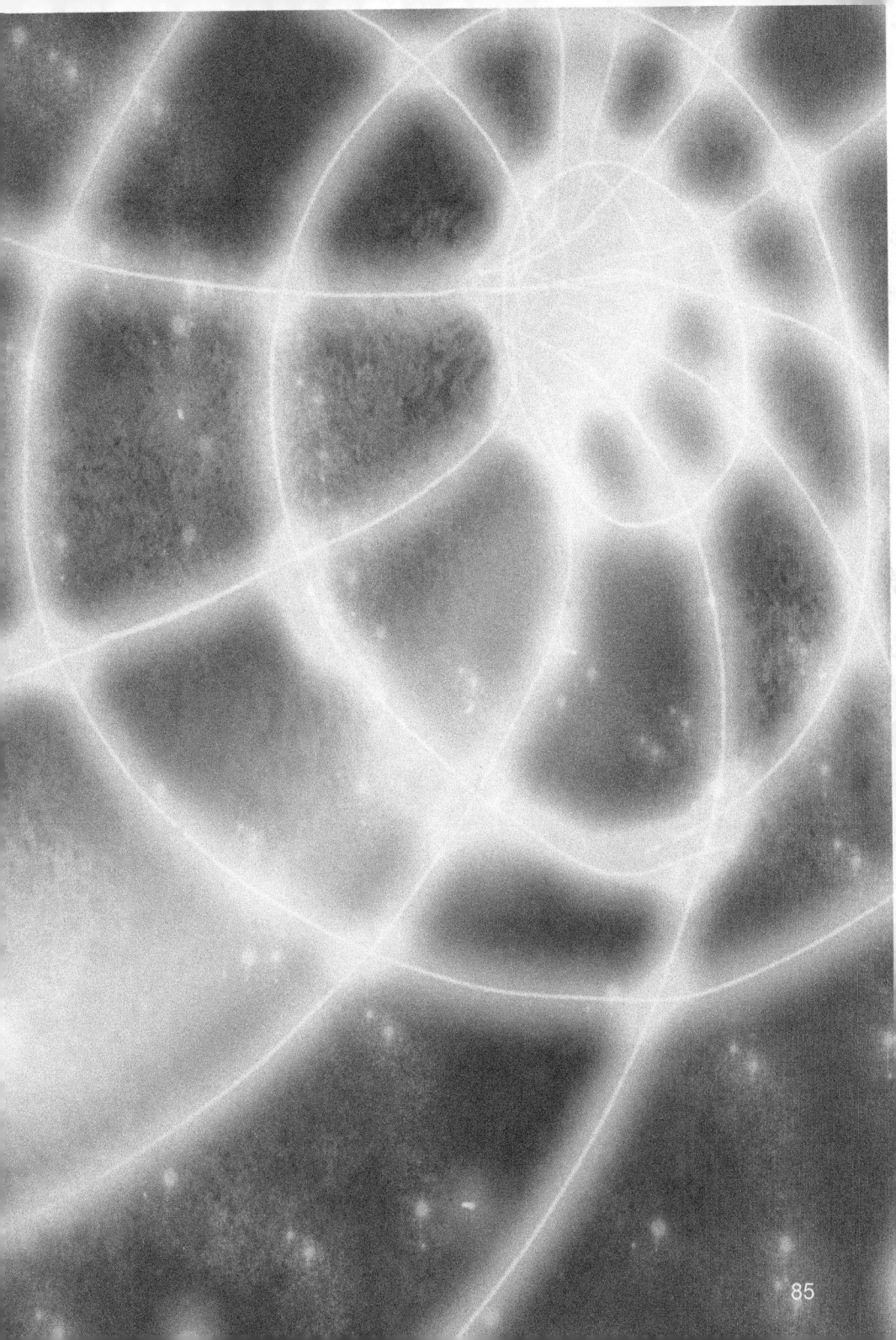

This is also why some people display
particular gifts, sometimes at very young ages.

The famous Chinese poet Li Bai was proficient in poetry at the age of ten. The great European composer Beethoven held concerts in Köln, Germany at the age of eight.

They displayed such brilliance because the seeds of their gifts had been stored in their own Buddha-Essence and brought forward from their previous lives. These are examples where very good things came from previous lives.

Not only is every sentient being—people, animals, birds, insects, etc.—created by its own Buddha-Essence, but everything in the physical world—galaxies, planets, mountains, and rivers—is created collectively by the Buddha-Essences of karmically-related sentient beings working together. The Buddha-Essence is indeed the most amazing yet invisible magician. It is our real Self.

The Buddha-Essence itself isn't changed by the karmic records. Like a cup that can hold different drinks, it's the one thing that stays the same, regardless of its contents, life after life.

A Buddha is someone omniscient of all the knowledge stored in his Buddha-Essence, has perfected the merits and virtues, and possesses the ability to utilize all the features the Buddha-Essence has to offer. But the Buddha-Essence is formless and shapeless, so how can we find it?

Think of how our eyes cannot see micro-organisms because they are very small or distant galaxies because they are very large. We need the help of microscopes and telescopes. Similarly, to "see" the Buddha-Essence, we need to have a special tool, the "eye of wisdom."

So how can we open and use our wisdom-eye? In everyday life, we should treat people with kindness and respect, cultivate tolerance and compassion within ourselves, respect the Three Jewels, and accept the Buddha's teachings with faith. If you can do all these consistently, your wisdom-eye will soon awaken. By cultivating the Buddha Dharma with diligence, your wisdom-eye will open when all the conditions are right, and you will be able to "see" the Buddha-Essence, the invisible magician in you.

You may wonder:

Why do we need to see the "invisible magician"?

Isn't it enough just to be a good kid?

Being a good kid is of course the right thing to do. But even a good kid has all kinds of records from past lives stored in the Buddha-Essence, which will result in endless rounds of birth, life, and death – your karma. Imagine yourself stuck on an uncontrollable Ferris wheel that cannot be stopped, one that brings you through many kinds of environments. It may be easy to be a virtuous person for one life, but is it possible to stick to the right course over trillions of lifetimes in different situations? All it takes is one bad friend or one slip, and you'll have to live with the painful consequences of your misconduct for a very, very long time. In that case, would it still be easy to be a good kid?

What keeps this Ferris wheel of rebirth going are the mistaken beliefs of the mental consciousness and the manas that they are the real and eternal Self. They think being a good person can halt the powerful karmic force that drives the Ferris wheel. Instead, we must seek the Buddha-Essence because it is the only mind entity that is everlasting and unchanging over time. By learning the correct Buddha Dharma, we can change the karmic forces stored in the Buddha-Essence by correcting and purifying manas from the effects of any bad things we've done. As we change the good and bad karmic forces with pure practices and enlightening insights, the Ferris wheel will begin to function properly and come under our control. When it does, we can move toward becoming a Buddha.

Potentially, every one of us can become a Buddha. To be more precise, any sentient being can become a Buddha. So we are all equal in terms of our chance of attaining Buddhahood. When we become a Buddha—like Buddha Shakyamuni, Buddha Amitabha, or any other Buddhas—we will acquire omniscient wisdom.

As a Buddha, we will each have the power to choose our rebirth in any world and become any kind of sentient being, so that we can teach people anywhere about the wisdom of liberation from the uncontrolled cycle of rebirth.

A Buddha is omniscient, as he knows everything about the universe and the planet we live on, as well as everything we have done over the countless lives we have lived. As we know, everything we do is recorded in the Buddha-Essence and a Buddha has the wisdom to access the information stored in it, like you can find the information on your computer.

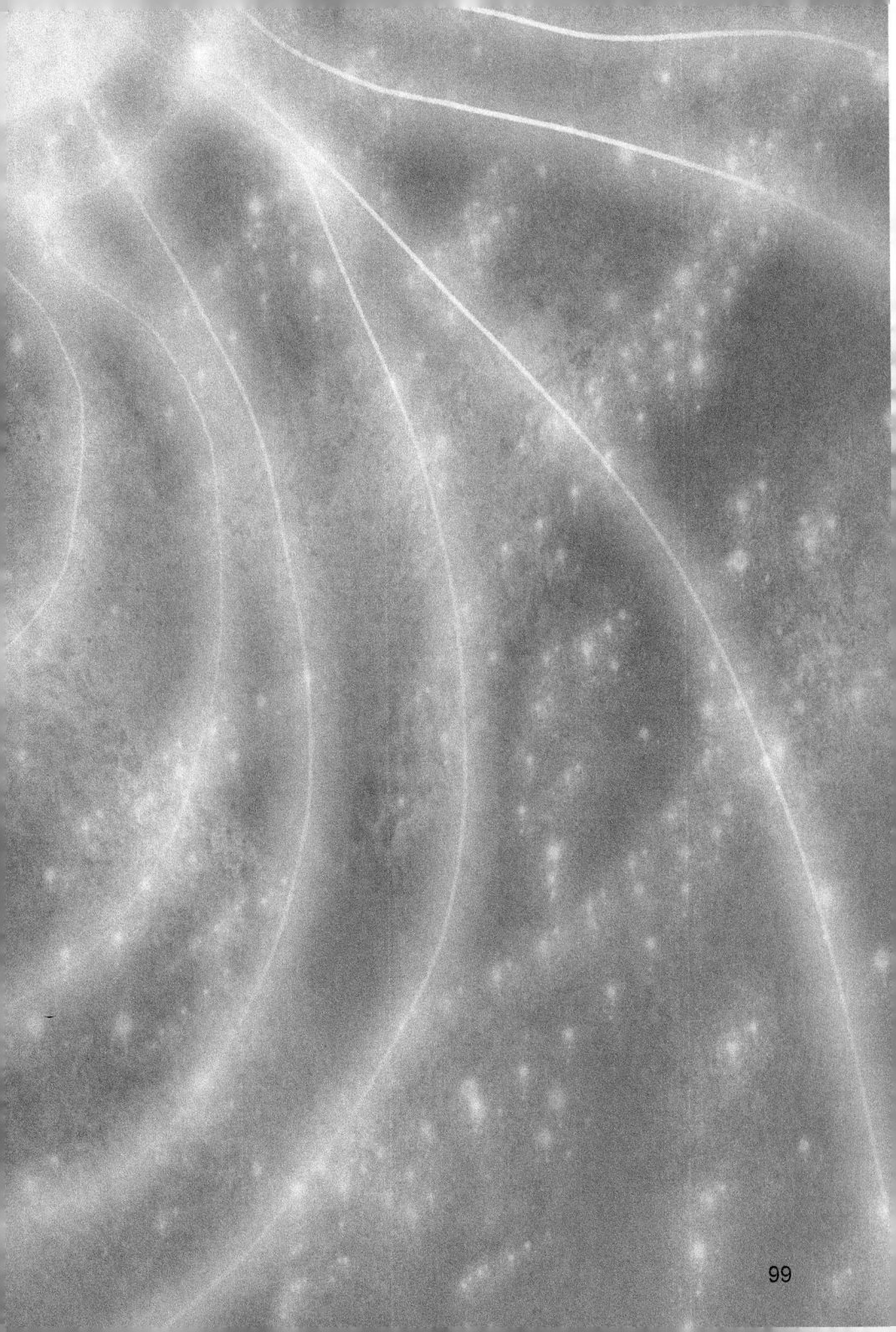

To become a Buddha you have to perfect your merits and wisdom, as well as assist countless other sentient beings on their way toward Buddhahood. If you can cultivate the Buddha Dharma and learn all about the Eight Consciousnesses in each and every life you live, then you can gradually replace negative habit energy, such as craving, egoism, arrogance, and aversion, with the seeds of pure actions. As long as you continue to cultivate the Buddha Dharma and follow the noble path of bodhisattvas, you will eventually attain Buddhahood.

When you become a Buddha, you will be able to help benefit countless other people and liberate them from the suffering that comes with birth, aging, sickness, and death. As well, you can bring them never-ending wisdom that leads to true liberation and ultimate happiness. Would you want to be able to do that one day?

If you really want to become a Buddha, you can make the following vow every day:

May I acquire the unsurpassed merits and wisdom of a Buddha, so that I can help liberate all sentient beings from endless rounds of rebirth.

To achieve this, I sincerely vow to cultivate the Buddha Dharma and learn all there is to know about the Buddha-Essence.

Ce livre a été imprimé en France

Dépôt légal : Feb 2018

www.ingramcontent.com/pod-product-compliance
Lightning Source LLC
Chambersburg PA
CBHW060420290526
45791CB00002B/837